ESCAPE GAME DES PETITS GÉNIES !

Du CE2 au CM1

MATHIEU QUÉNÉE
PROFESSEUR DES ÉCOLES

LAROUSSE

Pour aller plus loin, vous pouvez vous rendre sur le blog de « monsieur Mathieu » où vous trouverez des jeux et des fiches ludiques à imprimer : https://lewebpedagogique.com/monsieurmathieundlronchin/

Vous pouvez y accéder directement en scannant ce QR code :

L'auteur dédicace cet ouvrage à son fils Anguerand, « sa source continue d'inspiration ».

Direction de la publication : Carine Girac-Marinier
Direction éditoriale : Julie Pelpel-Moulian
Édition : Camille Guille
Direction artistique : Uli Meindl
Mise en pages : SKGD-Création
Fabrication : Ombeline Canaud

ISBN : 978-2-03-598107-3

AVANT-PROPOS

Le jeu correspond au travail de l'enfant. Un enfant n'apprendra jamais mieux qu'en jouant !

Partant de ces principes, j'ai conçu ces escape games pour que votre enfant prenne goût et plaisir à chercher, cogiter et résoudre des énigmes.

Ils lui permettront de revoir le programme de mathématiques de son année de CE2 et il le fera l'air de rien, en jouant, tout simplement.

Ces escape games l'entraîneront dans des univers variés d'espionnage, de science-fiction, de malédiction égyptienne, et il devra lutter tour à tour contre des intelligences artificielles, des hackers, un professeur fou ou encore des agents russes.

Entre chaque grande aventure, des mini-énigmes lui permettront également de tester son esprit logique.

L'auteur

BON JEU ET BONNE ÉCHAPPÉE !

SOMMAIRE

Sommaire par compétence

ESCAPE GAME N° 1

LES OUBLIETTES

Lors de la visite du château médiéval avec ta classe, l'un de tes camarades a appuyé par mégarde sur une pierre marquée d'un curieux symbole. Un passage secret s'est alors ouvert et vous vous y êtes engouffrés. Malheureusement, il s'est immédiatement refermé ! Vous voilà coincés dans les oubliettes de ce château...

Sur les murs, tu te mets à observer des symboles qui associent la sorcellerie, la magie noire et les templiers. Tout cela semble être une énigme qui pourrait vous permettre de ressortir.

SAURAS-TU RÉSOUDRE LES ÉNIGMES TE PERMETTANT DE SAUVER TOUTE TA CLASSE ?

LES OUBLIETTES

ÉNIGME 1

Le passage vient juste de se refermer. Face à vous, se dresse un mur rempli de symboles. Sauras-tu retrouver la valeur numérique de chaque symbole ?

RÉPONSE : 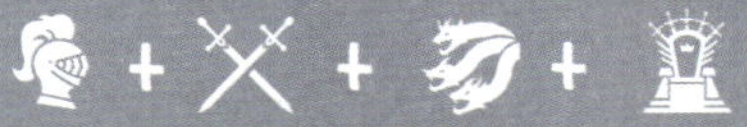 = 700

ESCAPE GAME N° 1

LES OUBLIETTES

ÉNIGME 2

Bravo, la première énigme est résolue ! En explorant davantage les oubliettes, vous trouvez deux étranges parchemins qui semblent codés. Retrouve et entoure de la même couleur les phrases et les nombres qui leur correspondent.

LE TRIPLE DU DOUBLE DE 4 CHEVALIERS.

LA MOITIÉ DU TRIPLE DE 20 ÉPÉES.

LE DOUBLE DU DOUBLE DE 50 FLÈCHES.

LE DOUBLE DU TRIPLE DE 15 ÉCUS.

LA MOITIÉ DE LA MOITIÉ DE 500 ÉCUYERS.

24 200 30 90 125 80

QUEL EST LE SEUL NOMBRE QUI N'EST PAS ÉVOQUÉ DANS LES PHRASES ?

RÉPONSE : 80

ÉNIGME 3

Vous pénétrez à présent dans ce qui semble être une ancienne salle d'armes. Un compas et une équerre sont accrochés à côté des épées et des boucliers, comme pour vous inciter à compter les angles droits et les cercles présents sur ce mur...

COMBIEN AS-TU TROUVÉ D'ANGLES DROITS ? 28

COMBIEN AS-TU TROUVÉ DE CERCLES ? 9

LES OUBLIETTES

ÉNIGME 4

Dans la salle suivante, une tapisserie est accrochée au mur. Un ancien prisonnier a effectué des calculs, mais certains chiffres ont été brûlés. Sauras-tu les retrouver ?

$$5248 + 1367 = 6615$$

$$2347 \times 2 = 4694$$

$$2459 + 1888 = 4347$$

$$9588 - 2463 = 7125$$

$$6890 \times 5 = 34450$$

SI TU ADDITIONNES TOUS LES CHIFFRES QUI ONT ÉTÉ BRÛLÉS, QUEL NOMBRE OBTIENS-TU ?

RÉPONSE : 5 + 2 + 4 + 6 + 5 = 22

LES OUBLIETTES

ÉNIGME 5

Dans la salle des armoiries, certains blasons sont cachés par un éboulement de murs. Trouve une astuce pour retrouver le nombre exact de blasons.

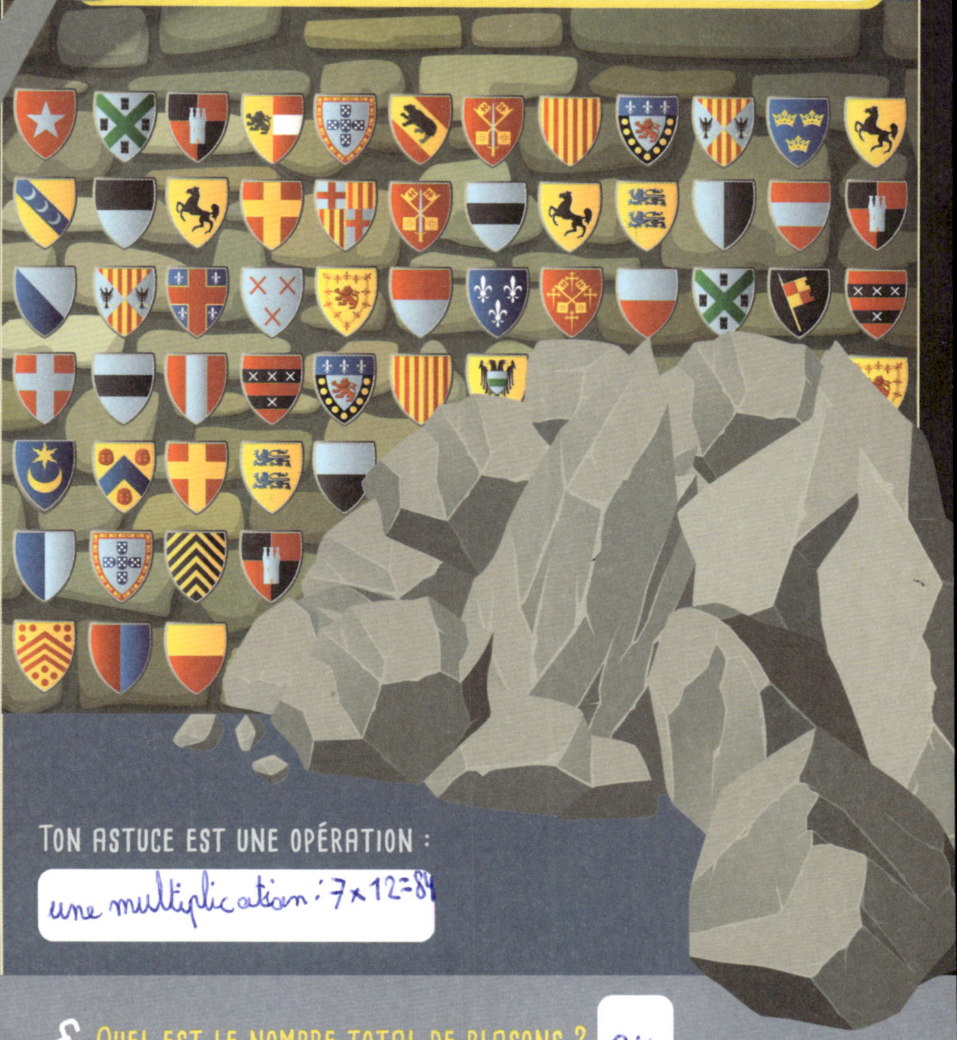

TON ASTUCE EST UNE OPÉRATION :

une multiplication : 7 x 12 = 84

QUEL EST LE NOMBRE TOTAL DE BLASONS ? 84

LES OUBLIETTES

ÉNIGME 6

Un peu plus loin dans les oubliettes, tu rencontres des heaumes (casques) et des armures abandonnés. Un seul heaume n'appartient à aucune armure. Lequel ?

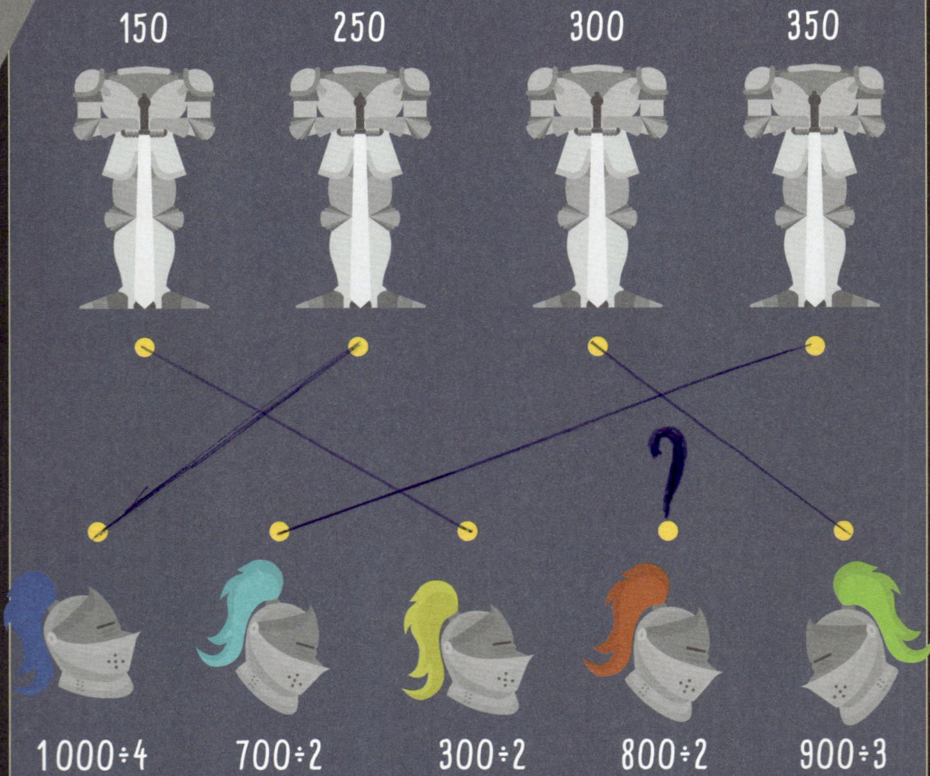

QUEL EST LE RÉSULTAT DU HEAUME QUI N'APPARTIENT À AUCUNE ARMURE ? 400

LES OUBLIETTES

ÉNIGME 7

Tu arrives au bout de ton périple. Il reste un carré magique médiéval à résoudre, puis la sortie des oubliettes te sera promise !

LES ADDITIONS DEVRONT ÊTRE JUSTES HORIZONTALEMENT ET VERTICALEMENT.

		+	+	=
	50	150	200	400
+	600	50	250	900
+	150	50	50	250
=	800	250	500	1550

QUEL RÉSULTAT OBTIENS-TU SI TU ADDITIONNES LES CASES COLORÉES ? 450

DÉNOUEMENT

Tu sembles être en possession de tous les indices. Te voilà arrivé devant le « mur de l'oubli ». Il peut s'ouvrir si tu respectes scrupuleusement ce qu'on te demande.

INDICE 1
CHIFFRE DES CENTAINES
....

INDICE 2
CHIFFRE DES DIZAINES
....

INDICE 3
ADDITIONNE LES DEUX NOMBRES PUIS MULTIPLIE PAR 2
....

INDICE 4
CHIFFRE DES UNITÉS
....

INDICE 5
MOITIÉ DE LA RÉPONSE
....

INDICE 6
QUART DE LA RÉPONSE
....

INDICE 7
DOUBLE DE LA RÉPONSE
....

7 300 900 92 150 8

112 200 2 74 199

42 700 74 180 90 900

100 55 900 740 654 500 2

7 47 8 1000 45 100

250 82 57 7 900 53

COLORIE LES PIERRES QUI COMPORTENT LES NOUVEAUX INDICES ET TU OBTIENDRAS LE MOT MAGIQUE D'OUVERTURE DU « MUR DE L'OUBLI ».

LES OUBLIETTES

MAINTENANT QUE TU AS LE MOT MAGIQUE CORRECT, TU VAS POUVOIR CHOISIR LE SAC DE NOMBRES QUI CONVIENT ET ESSAYER DE RÉSOUDRE LA DERNIÈRE ÉNIGME DES OUBLIETTES !

POUR SORTIR DES OUBLIETTES À L'AIDE DES NOMBRES DU BON SAC, TU DOIS FAIRE DES CALCULS POUR ARRIVER AU NOMBRE CIBLE DU CADENAS.

 330

MINI ESCAPE 1

Sortis du château, vous déambulez avec tes copains dans ses jardins à la française. Parviendras-tu à guider tes amis jusqu'à la sortie, sachant qu'il ne faut passer que par des pierres égales à 1000 ?

Par combien de pierres êtes-vous passés pour rejoindre la sortie du jardin ? 8

Un second jardin reste à traverser pour rejoindre les fontaines, puis le bus. Cette fois-ci, vous ne devrez passer que par des pierres multiples de 5.

Enfin, pour quitter le domaine du château, vous devrez passer devant la fontaine qui utilise le plus d'eau en une journée. Trouve-la et coche-la.

250 litres par heure.
Fonctionne de 11 h à 18 h.

220 litres par heure.
Fonctionne de 12 h à 19 h.

300 litres par heure.
Fonctionne de 13 h à 19 h.

☐ ☐ ☒

ESCAPE GAME N° 2

LE PROFESSEUR FOU

L'exploit que tu as accompli pour sortir des oubliettes a été remarqué.

Le ministre de la Santé s'adresse à toi car un professeur fou, dénommé Ébolus, s'est enfermé dans la salle de haute sécurité de son laboratoire : il menace de répandre les virus les plus dangereux dans l'ensemble du réseau d'eau du pays.

Parviendras-tu à franchir tous les sas de sécurité pour atteindre la salle de haute sécurité et éviter la catastrophe ?

SAURAS-TU RÉSOUDRE LES ÉNIGMES ET LES PIÈGES TENDUS PAR LE PROFESSEUR ÉBOLUS AFIN DE L'EMPÊCHER DE METTRE SON PLAN DIABOLIQUE À EXÉCUTION ?

ÉNIGME 1

Tu arrives devant la porte principale du laboratoire. Mais, comme tu t'y attendais, le professeur Ébolus a codé l'ouverture avec des énigmes mathématiques...

VOICI LE NUMÉRO DU LABORATOIRE : 25678

LE PREMIER CHIFFRE EST CELUI DU CHIFFRE DES DIZAINES.

LE DEUXIÈME CHIFFRE EST LE CHIFFRE DES UNITÉS.

PUIS IL FAUT TAPER LES 2 CHIFFRES DU NOMBRE DE MILLIERS.

ENFIN IL FAUT TAPER LE CHIFFRE DES CENTAINES.

ÉCRIS LES CHIFFRES QU'IL FAUT ENTRER SUR LE DIGICODE.

7	8	2	5	6

COLORIE LES TOUCHES DU DIGICODE SUR LESQUELLES TU DOIS APPUYER.

LE PROFESSEUR FOU

ÉNIGME 2

Bravo, te voilà entré dans le laboratoire ! La première salle a été piégée avec des potions extrêmement dangereuses. Tu devras verser dans chaque potion la quantité correcte de liquide stabilisateur.

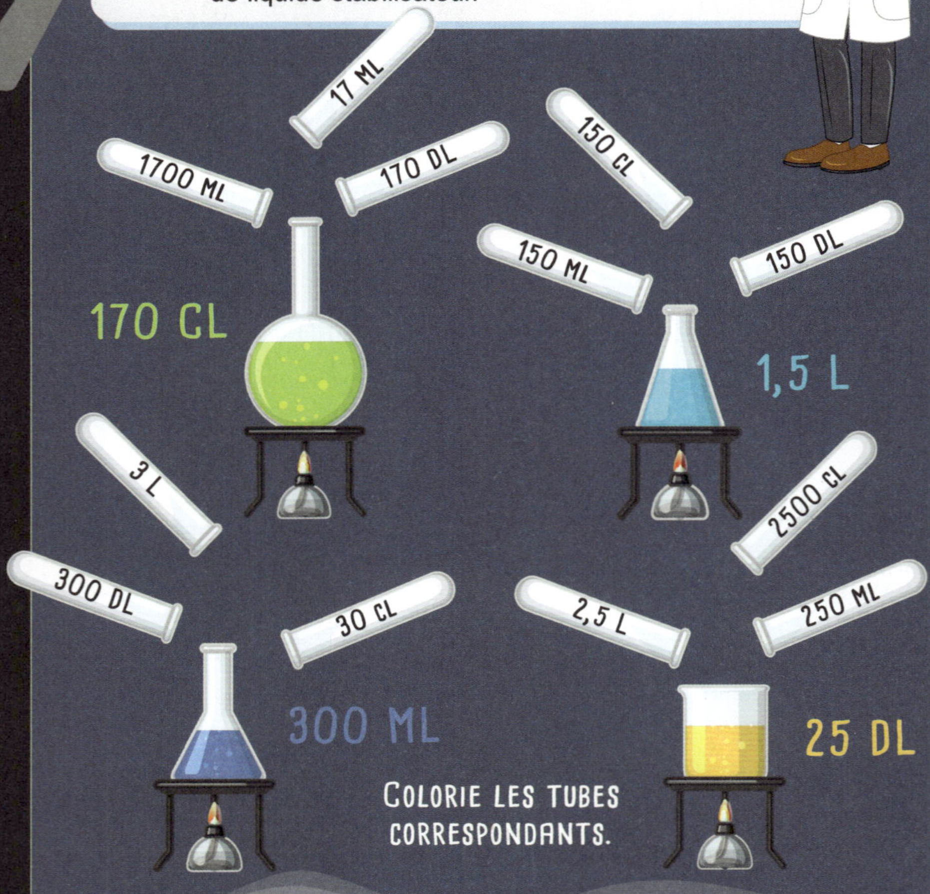

COLORIE LES TUBES CORRESPONDANTS.

ADDITIONNE LES TUBES À ESSAI QUE TU AS COLORIÉS. QUELLE EST LA QUANTITÉ TOTALE EN LITRES ?

LE PROFESSEUR FOU

ESCAPE GAME N° 2

ÉNIGME 3

Ouf ! Tu as réussi à stabiliser toutes les potions.
Tu te trouves dans une salle de décontamination.
Mais le professeur Ébolus a renversé de l'acide incolore sur certains carreaux. Faufile-toi sur les carreaux qui conviennent pour atteindre la porte de sortie.

COLORIE CHAQUE NOMBRE ET SON ÉCRITURE EN LETTRES ; CELA TE MONTRERA UN CHEMIN SÛR JUSQU'À LA PORTE DE SORTIE.

150	311	MILLE-UN	779	1009	699	SIX-CENT-ONZE	6 020	550
200	MILLE-VINGT	612	2 105	3 050	7 006	ONZE-CENT	795	2
988	1940	TROIS-MILLE	2 710	5 102	SIX-MILLE-VINGT	CINQ-MILLE-CENT-DEUX		
3	SIX-CENT-DOUZE	1990	3 650	8 669	DOUZE-MILLE-DEUX-CENTS	811		
CINQ-CENT-NEUF	CINQ-CENT CINQUANTE	DEUX-MILLE-CENT-CINQ	SEPT-CENT-QUATRE-VINGT-QUINZE	QUATRE-MILLE-HUIT-CENTS	613			
249	6 996	NEUF-CENT-QUATRE-VINGTS	MILLE-NEUF-CENT-QUATRE-VINGT-DIX	8 225	335			
MILLE-NEUF-CENT-QUARANTE	SEPT-MILLE-SIX	TROIS-MILLE-CINQUANTE	MILLE-TROIS-CENT-DIX	1005				

COMBIEN DE CARREAUX AS-TU COLORIÉ ?

LE PROFESSEUR FOU

ÉNIGME 4

Magnifique ! Te voilà parvenu à la salle des essais.
Le professeur Ébolus a ouvert toutes les cages des souris.
Pourras-tu les remettre chacune dans leur cage ?

CHAQUE CAGE COMPORTE UNE MULTIPLICATION DONT LE RÉSULTAT EST POSSÉDÉ PAR UNE SOURIS. COLORIE CHAQUE SOURIS DE LA MÊME COULEUR QUE SA CAGE.

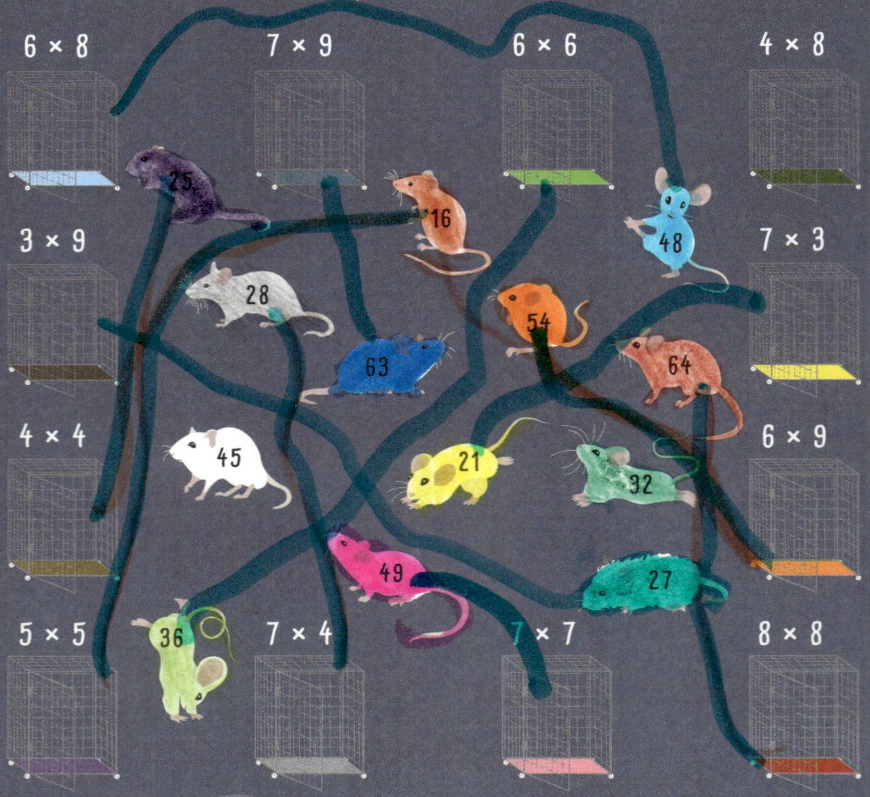

QUEL EST LE NOMBRE INSCRIT SUR LA SEULE SOURIS SANS CAGE ?

45

ÉNIGME 5

Belle chasse, les souris sont en cage ! Te voilà arrivé dans la salle de congélation. Ébolus a détraqué l'horloge de chaque congélateur. Tu dois absolument remettre toutes les horloges à l'heure, sous peine de voir les antidotes disparaître.

POUR CHAQUE HORLOGE, REDESSINE LES AIGUILLES DES HEURES ET DES MINUTES.

ENTOURE LA SEULE HORLOGE QUI INDIQUE UN HORAIRE DU MATIN.

SI TU ADDITIONNES LE NOMBRE D'HEURES DE CETTE HORLOGE ET CELUI DES MINUTES, QUEL NOMBRE OBTIENS-TU ?

LE PROFESSEUR FOU

ÉNIGME 6

Tu arrives au bout de ton périple. Tu as atteint le PC sécurité et tu y trouves un plan qui mène au centre du laboratoire. Tu dois repérer le chemin que tu as parcouru et celui qui te reste à faire, puis les inscrire sur ta feuille de papier pour te repérer dans le dédale du labo.

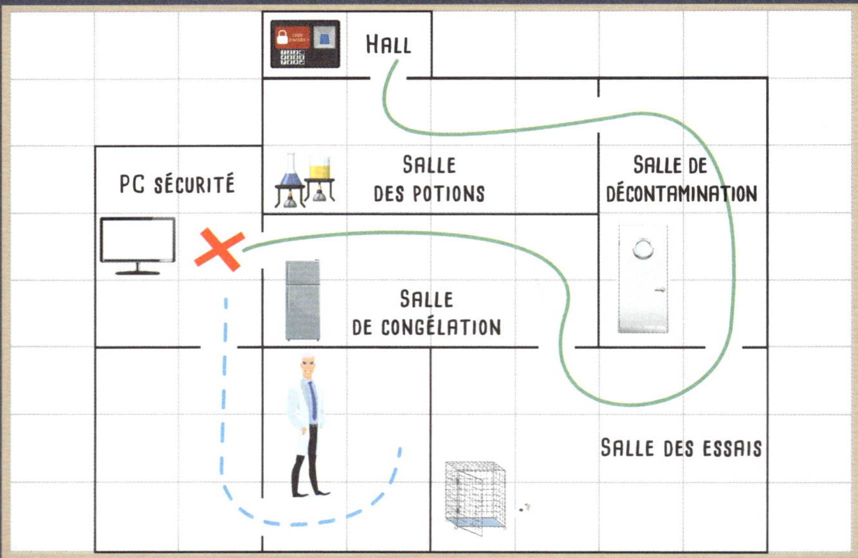

- CHEMIN DÉJÀ PARCOURU
- CHEMIN RESTANT À FAIRE
- ENDROIT OÙ TU TE TROUVES
- ←↑↓→ FLÈCHES À UTILISER POUR ENCODER

↓↓

NOMBRE DE DÉPLACEMENTS VERS LA GAUCHE QUE TU AURAS EFFECTUÉS :

NOMBRE DE DÉPLACEMENTS VERS LA DROITE QUE TU AURAS EFFECTUÉS :

ÉNIGME 7

Tu sais maintenant où tu en es et où tu dois te rendre. La dernière pièce à franchir avant d'atteindre le bureau du professeur Ébolus est un sas de sécurité. Les rayons laser dessinent des polygones... À toi de jouer !

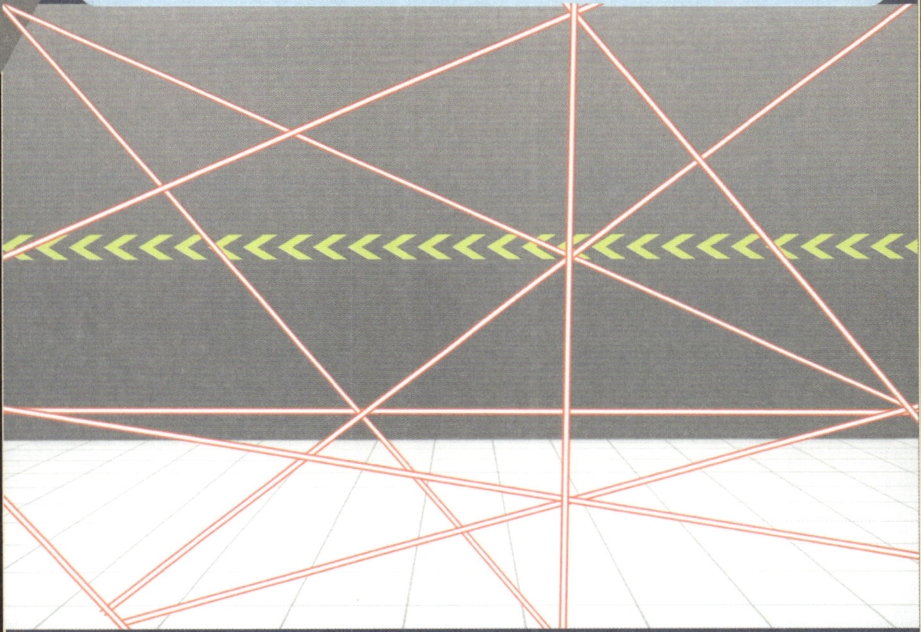

POUR DÉSACTIVER LES RAYONS LASER, TU DOIS RÉPONDRE À CES TROIS QUESTIONS :

COMBIEN Y A-T-IL DE QUADRILATÈRES ?

COMBIEN Y A-T-IL DE TRIANGLES RECTANGLES ?

COMBIEN Y A-T-IL DE TRIANGLES QUELCONQUES ?

NOMBRE TOTAL DE POLYGONES :

DÉNOUEMENT

Ébolus sera bientôt hors d'état de nuire !
Tu as franchi les différentes salles qui menaient à lui et collecté de précieux indices…

POUR RETROUVER CHAQUE INDICE, SUIS LES CONSIGNES DE L'ORDINATEUR CENTRAL.

INDICE 1 : Additionne les chiffres du digicode.
INDICE 2 : Convertis-le en décilitres.
INDICE 3 : Divise-le par 5.
INDICE 4 : Dans quelle table à part celle de 5 ?
INDICE 5 : Dans quelle table à part celle de 9 ?
INDICE 6 : Additionne tes réponses et multiplie par 9.
INDICE 7 : Son triple.

INDICE 1 : ______ INDICE 2 : ______ INDICE 3 : ______

INDICE 4 : ______ INDICE 5 : ______ INDICE 6 : ______

INDICE 7 : ______

LE PROFESSEUR FOU

Te voilà face au professeur Ébolus, mais il a déjà contaminé le premier réservoir ! Il faut que tu verrouilles toutes les manivelles de sûreté rouges, pour éviter que les réseaux d'eau ne soient infectés.
Pour verrouiller chacune des manivelles, tu dois résoudre le problème mathématique d'encodage d'Ébolus, en t'aidant des nouveaux indices.

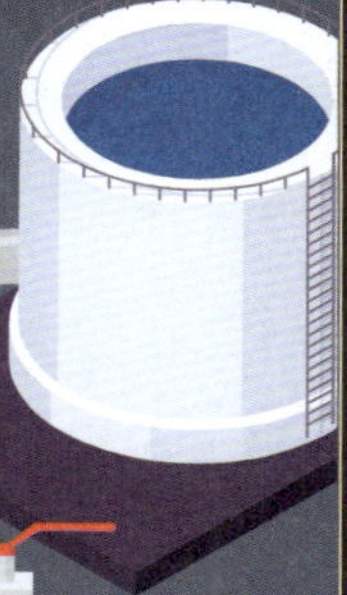

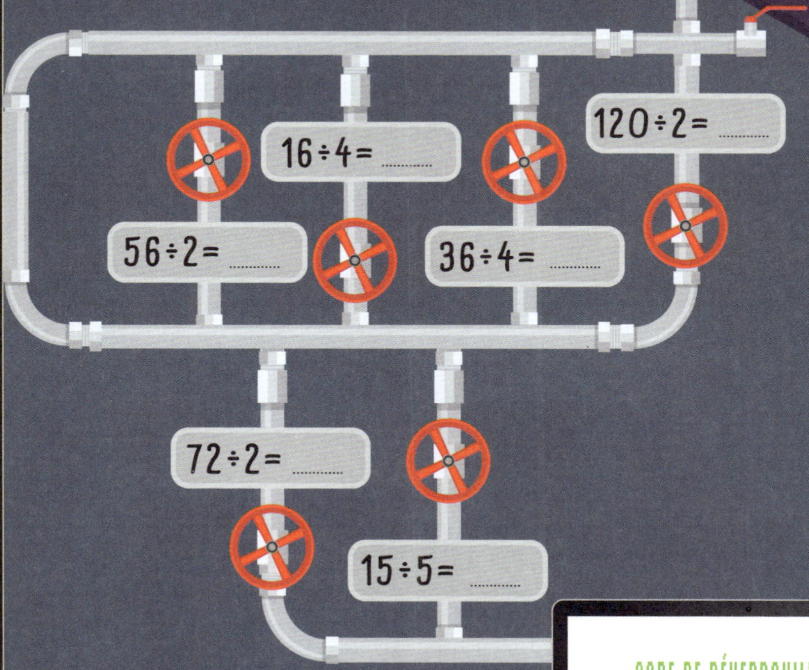

LE SEUL INDICE QUI TE RESTE CORRESPOND AU CODE DE DÉVERROUILLAGE TOTAL DU LABORATOIRE. LES FORCES DE POLICE POURRONT AINSI ENTRER ET ARRÊTER LE PROFESSEUR.

MINI ESCAPE 2

VOILÀ LE PROFESSEUR ÉBOLUS HORS D'ÉTAT DE NUIRE. TU TE TROUVES DANS SON BUREAU, OÙ IL A ENFERMÉ LES ÉCHANTILLONS DE SON VIRUS DANS DES COFFRES-FORTS. SAURAS-TU TROUVER LA COMBINAISON DE CHAQUE COFFRE ?

COFFRE 1

Le code est compris entre 700 et 999. Il est pair. Un de ses chiffres est un zéro. Le chiffre des centaines est le double de celui des unités.

QUELLE EST LA COMBINAISON ?

COFFRE 2

Le code est plus grand que celui du coffre 1. Son chiffre des centaines est le dernier avant 1000. Le chiffre des dizaines et le chiffre des unités sont identiques et leur somme est égale à 10.

QUELLE EST LA COMBINAISON ?

COFFRE 3

Le code est compris entre 400 et 500. Son nombre de dizaines est le produit de 5×8. Son chiffre des unités est le produit de 3×3.

QUELLE EST LA COMBINAISON ?

COFFRE 4

Le code est compris entre 700 et 800.
Le chiffre des centaines est la somme des 2 autres. Le code est pair. Le chiffre des dizaines est la soustraction de 6-3.

QUELLE EST LA COMBINAISON ?

COFFRE 5

Le code est compris entre 100 et 300. Il n'est composé que de chiffres pairs. Le chiffre des unités est le double des dizaines qui est lui-même le double des centaines.

QUELLE EST LA COMBINAISON ?

COFFRE 6

Le code est compris entre 900 et 1 000. Il est impair. Tous ses chiffres sont identiques.

QUELLE EST LA COMBINAISON ?

COFFRE 7

Le code est compris entre 650 et 750. Il est pair. Tous ses chiffres sont identiques.

QUELLE EST LA COMBINAISON ?

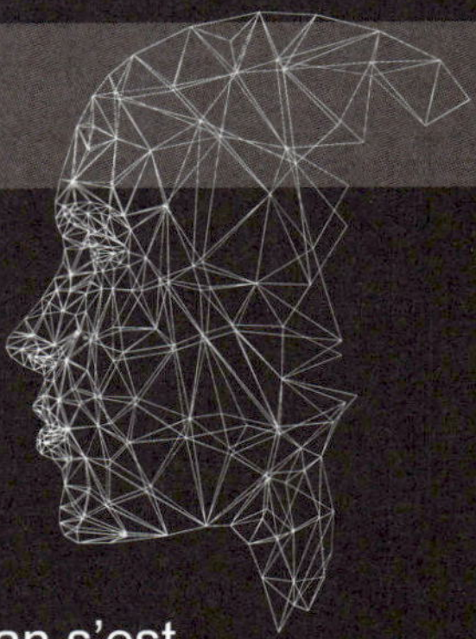

ATTAQUE SUR NOS CONSOLES

Alors que tu jouais à ta console, l'écran s'est mis à clignoter et un message s'est affiché. Il semble qu'une intelligence artificielle soit en train de prendre le contrôle de toutes les consoles du monde ! Elle souhaite transformer tous les humains en esclaves numériques. Heureusement, cette intelligence artificielle a commis des erreurs dans ses programmes.

EXPLORE LES FAILLES DANS LE SYSTÈME AFIN DE CONTRER CETTE ATTAQUE. AINSI, RETROUVE LES CODES DE DÉSACTIVATION CACHÉS DANS CHACUN DES NIVEAUX DE TES JEUX.

ÉNIGME 1

En naviguant dans ton menu de jeux, tu découvres un jeu de course que tu ne connaissais pas. Une énigme semble y avoir été glissée.

(VITESSE 1 + VITESSE 2 + VITESSE 3 + VITESSE 4) ÷ 4
+ (DISTANCE TOTALE EN KM) = CODE DE DÉSACTIVATION

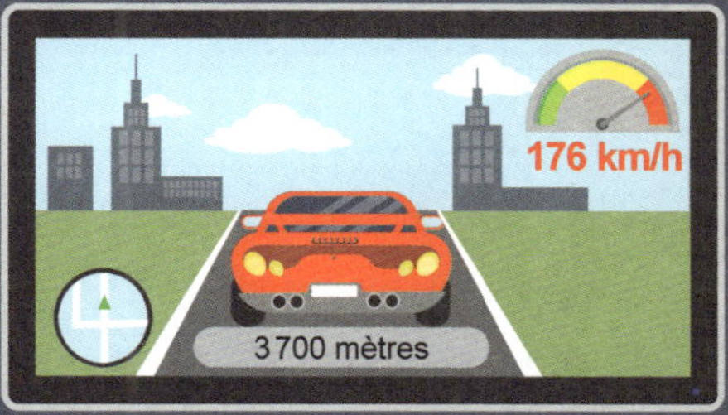

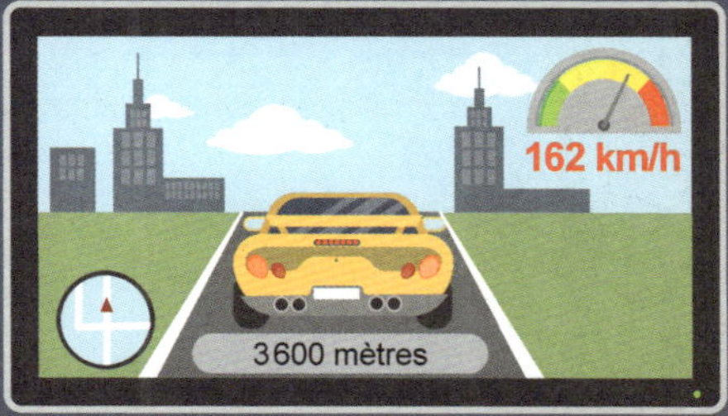

QUELLE EST LA VITESSE MOYENNE DES 4 VOITURES ?
(VITESSE 1 + VITESSE 2 + VITESSE 3 + VITESSE 4) ÷ 4 = ______ KM/H

QUELLE EST LA DISTANCE TOTALE PARCOURUE EN KILOMÈTRES PAR LES 4 VOITURES ? ______ KM

CODE DE DÉSACTIVATION : ______

ATTAQUE SUR NOS CONSOLES

ÉNIGME 2

Le premier code d'activation t'a permis d'accéder à un niveau inconnu de ton jeu de construction préféré.
Là aussi, une énigme apparaît furtivement sur ton écran.
Il est urgent de la décoder !

OBSERVE LA VALEUR DE CHAQUE CUBE, PUIS OBSERVE TON ÉCRAN ET TROUVE LA VALEUR D'UN SEUL CUBE ROUGE.

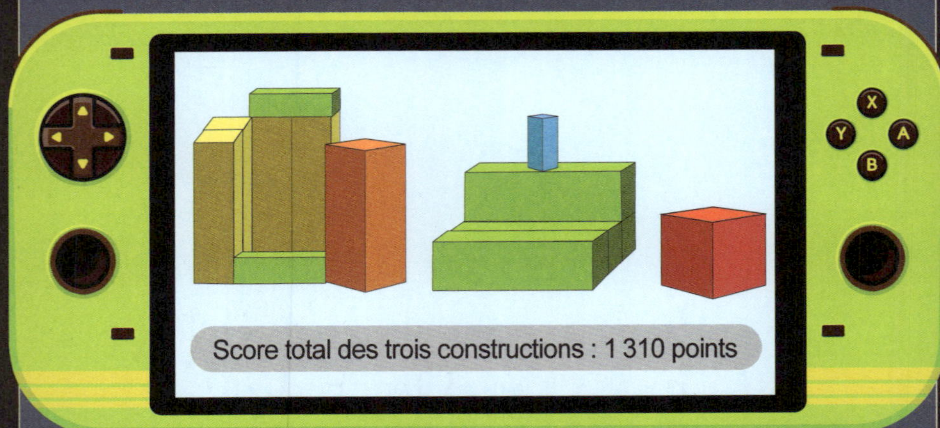

VALEUR DU CUBE ROUGE = CODE DE DÉSACTIVATION :

ÉNIGME 3

Tu as trouvé le deuxième code caché dans tes jeux. Un écran curieux s'affiche à présent. Il s'agit d'un jeu ancien, un jeu auquel jouait ton père ! Tu vas devoir éviter les fantômes de couleur et guider le bonhomme jaune pour manger tous les bonbons blancs.

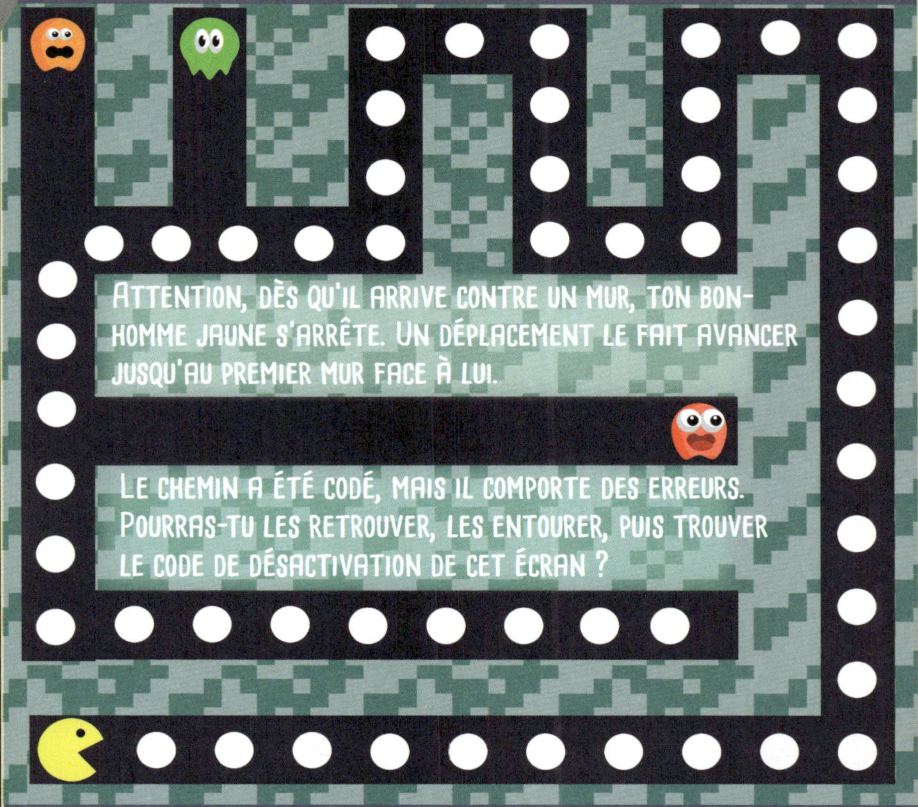

ATTENTION, DÈS QU'IL ARRIVE CONTRE UN MUR, TON BONHOMME JAUNE S'ARRÊTE. UN DÉPLACEMENT LE FAIT AVANCER JUSQU'AU PREMIER MUR FACE À LUI.

LE CHEMIN A ÉTÉ CODÉ, MAIS IL COMPORTE DES ERREURS. POURRAS-TU LES RETROUVER, LES ENTOURER, PUIS TROUVER LE CODE DE DÉSACTIVATION DE CET ÉCRAN ?

→ ↑ → ← ↓ ← ↑ ← ↑ ↓ ← → ↓ ↓ →

LE NOMBRE D'ERREURS EST LE CODE DE DÉSACTIVATION :

ATTAQUE SUR NOS CONSOLES

ÉNIGME 4

Tu progresses dans la désactivation de cette intelligence artificielle. Ta console communique maintenant avec ta box et ta télévision. Mais sauras-tu décrypter le message qui vient de s'afficher ?

ESSAIE D'ANALYSER ET DE DÉCRYPTER LES ÉTRANGES MESSAGES ENVOYÉS DEPUIS TA CONSOLE À TA TÉLÉVISION. UN MIROIR TE SERA PEUT-ÊTRE UTILE !

UTILISE LA VALEUR DE CHAQUE SYMBOLE POUR RETROUVER LE CODE DE DÉSACTIVATION

▲ 1 000

■ 100

◆ 10

(▲▲▲) – (■■■) + (◆◆)

(8 × ▲) + (10 × ■) – (3 × ◆)

RÉSULTAT DU CODE BLEU = 2720

RÉSULTAT DU CODE ROUGE = 8970

LE CODE DE DÉSACTIVATION EST LE CODE ROUGE MOINS LE CODE BLEU : 6250

ATTAQUE SUR NOS CONSOLES

ÉNIGME 5

Tu te retrouves à présent au milieu de plusieurs parties de ton jeu de combats préféré. Tu dois, pour chaque combat, retrouver le vainqueur. Le score le plus élevé de tous les combats sera ton code de désactivation.

POUR CHAQUE BOULE DE FEU, CALCULE LE SCORE DE L'IMPACT ET NOTE-LE SOUS LE PERSONNAGE. ENTOURE AUSSI LE VAINQUEUR DE CHAQUE COMBAT.

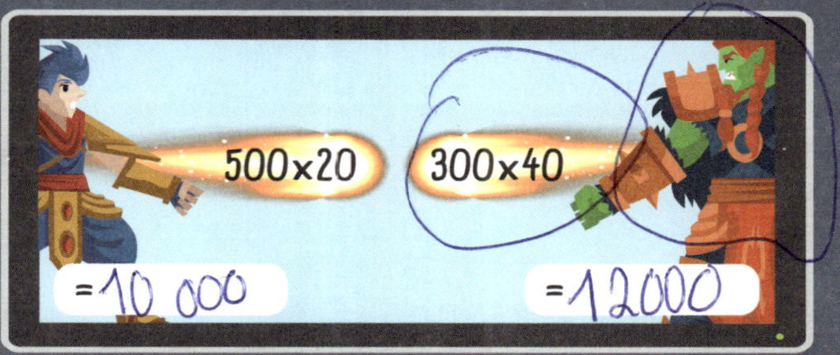

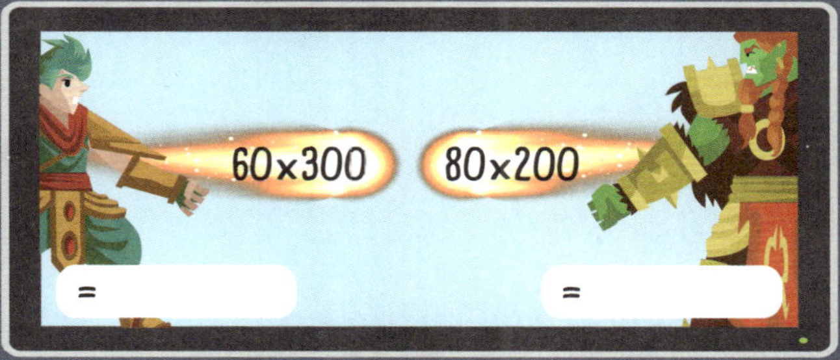

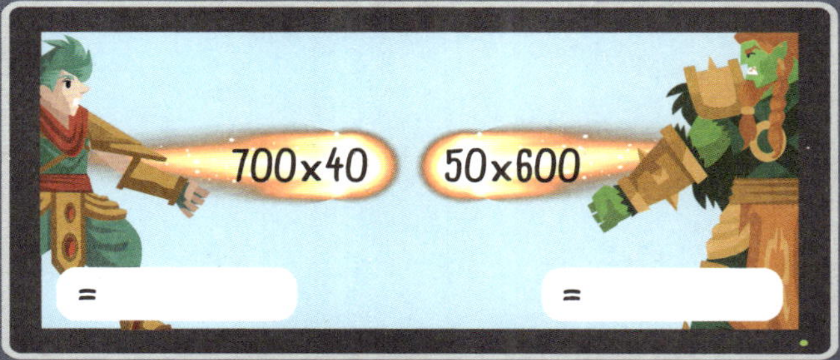

SCORE LE PLUS ÉLEVÉ DES COMBATS = CODE DE DÉSACTIVATION :

ÉNIGME 6

Tu en es déjà à ton cinquième code de désactivation trouvé, excellent ! Maintenant, c'est au milieu d'un jeu de plateforme que tu adores qu'une énigme t'est proposée. Parviendras-tu à la résoudre ?

OBSERVE LE POIDS DE CHAQUE SINGE ET INDIQUE LE NOMBRE DE TONNEAUX NÉCESSAIRE (LE MOINS POSSIBLE) POUR QUE LE SINGE SOIT CATAPULTÉ ET QU'IL ATTRAPE LE RÉGIME DE BANANES.

COMBIEN DE TONNEAUX FAUDRA-T-IL EN TOUT POUR CATAPULTER LES QUATRE SINGES ?

ÉNIGME 7

Tu arrives à la fin de ton menu de jeux. Tu auras bientôt tous les codes de désactivation de l'intelligence artificielle. Mais voici qu'un autre écran apparaît… C'est un jeu d'encastrement que tu connais bien !

POUR CHAQUE ESPACE, TU DOIS TROUVER LES PIÈCES UTILES, LES COLORIER DE LA MÊME COULEUR SUR LE MODÈLE ET BARRER CELLE QUI EST DE TROP.

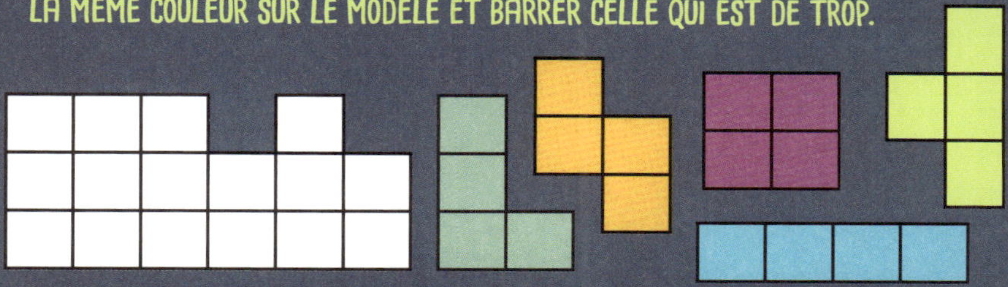

LE CODE DE DÉSACTIVATION EST LA SOMME DE TOUS LES CUBES BARRÉS :

DÉNOUEMENT

Tu as réussi à trouver tous les codes de désactivation à l'intérieur de ta console. Il te reste à désactiver la clé de cryptage pour détruire l'intelligence artificielle.

Les indices

Indice 1 : garde le nombre de dizaines

Indice 2 : garde le chiffre des dizaines

Indice 3 : multiplie-le par 4

Indice 4 : conserve le nombre de centaines

Indice 5 : Divise-le par 1 000

Indice 6 : Donnes-en le double

Indice 7 : Donnes-en le triple

ATTAQUE SUR NOS CONSOLES

Tu es vraiment le meilleur en informatique ! Tu as en ta possession toutes les clés de désactivation décryptées pour anéantir l'intelligence artificielle qui nous menace. À toi de jouer !
Au milieu de toutes ces lignes de code, colorie uniquement les codes décryptés. Tu obtiendras le mot de passe final qui supprime l'intelligence artificielle.

17	48	30	5	30	16	62	13	4	16	55
3	25	3	6	62	19	30	47	30	22	48
16	15	16	2	48	33	48	11	62	31	30
30	3	16	10	16	3	36	31	48	49	3
48	1	18	11	62	30	19	44	16	66	16
36	9	61	31	3	20	3	33	3	57	17
3	18	49	50	17	18	39	30	40	3	27

EXCELLENT ! TU AS TROUVÉ LE MOT DE PASSE QUI TE PERMET DE SUPPRIMER L'INTELLIGENCE ARTIFICIELLE. RENTRE-LE DANS TA CONSOLE.

MINI ESCAPE 3

LE RESPONSABLE DU FEU D'ARTIFICE A RETROUVÉ TOUTES SES FUSÉES MÉLANGÉES. IL A BESOIN QUE TU CONNAISSES LA PUISSANCE DE CHAQUE TAS DE FUSÉES ET QUE TU ENTOURES LE PLUS PUISSANT. CHAQUE TYPE DE FUSÉES A UNE PUISSANCE DIFFÉRENTE. ATTENTION, CERTAINES FUSÉES SONT CACHÉES DERRIÈRE D'AUTRES.

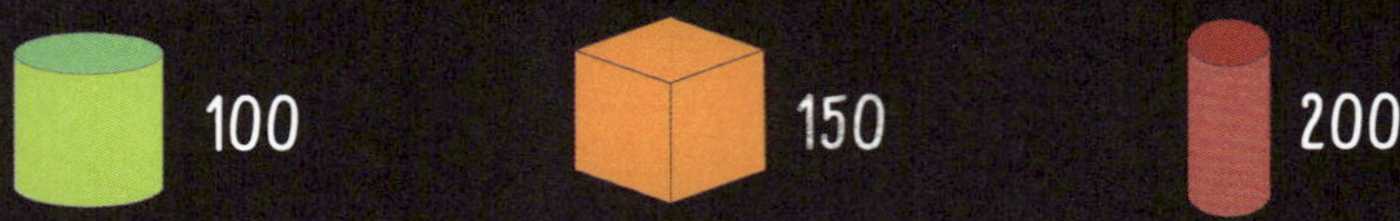

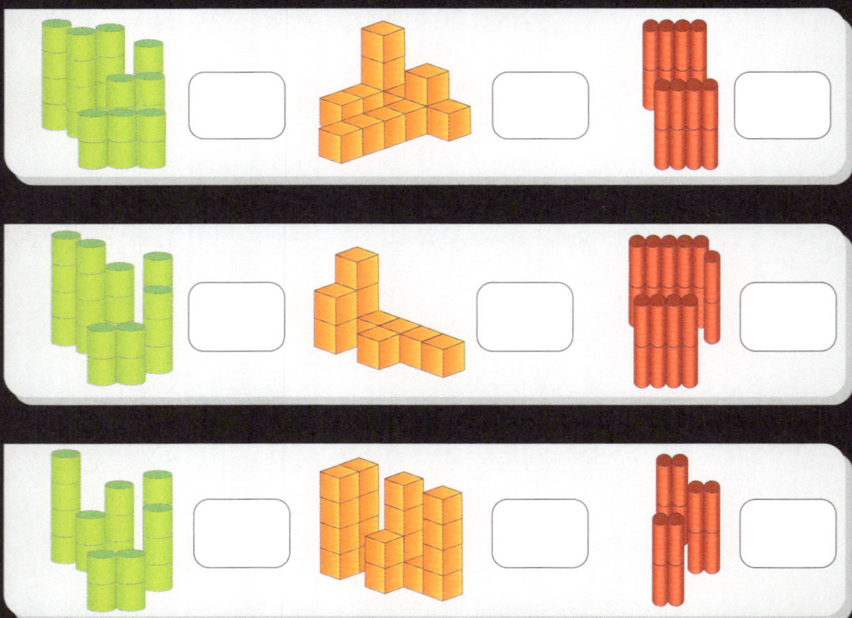

ESCAPE GAME N° 4

L'AMULETTE MAUDITE

Durant les vacances, tu as visité le musée d’histoire antique avec ta famille. De retour à la maison, ton petit frère te montre une amulette qu'il a dérobée ! Or une terrible malédiction semble lui être associée. Tu décides de retourner de nuit au musée avec tes copains pour replacer l’amulette.

FRANCHIRAS-TU LES SÉCURITÉS DU MUSÉE ET PASSERAS-TU DE SALLE EN SALLE JUSQU'À CELLE DE L'ÉGYPTE, POUR RENDRE L'AMULETTE MALÉFIQUE ?

ÉNIGME 1

Te voici à l'entrée du musée. Comme tu t'y attendais, l'entrée est cryptée. Sauras-tu désactiver le verrouillage des portes ?

SUR CHAQUE FRONTON DE PORTE, IL Y A DES NOMBRES ROMAINS. IL SEMBLE QUE LE CODE D'ENTRÉE SOIT LA SOMME DE TOUS CES NOMBRES ROMAINS. PEUX-TU LES DÉCHIFFRER ET ENTRER LE CODE D'ACCÈS CORRECT ?

I	V	X	L	C	D	M
1	5	10	50	100	500	1000

RANGE LES NOMBRES ROMAINS DÉCHIFFRÉS DANS L'ORDRE CROISSANT.

ADDITIONNE LE PLUS PETIT ET LE PLUS GRAND, C'EST LE CODE D'ACCÈS :

L'AMULETTE MAUDITE

ÉNIGME 2

Te voilà entré dans le hall, avec tes amis. Vous devez vous faufiler sous les barrières des files d'attente de l'accueil, mais certaines ont des alarmes. Tu ne devras passer que sous celles dont le résultat est inférieur à 1 000.

LE CODE DE LA PORTE EST LA SOMME DES 3 BARRIÈRES SOUS LESQUELLES TU ES PASSÉ :

ÉNIGME 3

Décidément, rien ne vous arrête ! Vous pénétrez à présent dans la salle des sarcophages. Vous allez devoir vous glisser derrière chaque sarcophage pour vous cacher du gardien. Mais quel est le chemin le plus court ? Mesure les trois chemins possibles pour le trouver.

CONVERTIS EN MILLIMÈTRES LE CHEMIN LE PLUS COURT, IL S'AGIT DU CODE D'ACCÈS À LA SALLE SUIVANTE :

ÉNIGME 4

Excellent ! Te voici dans la salle des hiéroglyphes. Le directeur du musée a verrouillé l'alarme avec l'un des trois papyrus. Tu vas devoir trouver la valeur de chaque papyrus.

5 -10 20 ×2 100 ×5 1000 ×10

LE CODE DE DÉSACTIVATION DE L'ALARME EST LE PAPYRUS AVEC LE PLUS PETIT NOMBRE :

ÉNIGME 5

Tu es parvenu à passer. C'est à présent la salle des momies, de loin la plus effrayante, qui s'ouvre à toi. Pour la franchir, observe bien les socles sur lesquels sont posées les momies. Le numéro de la momie restante sera le code de la porte.

LIS LES INSTRUCTIONS ET COLORIE LA MOMIE SI SON SOCLE CORRESPOND À LA DESCRIPTION.

EN ROUGE, LA MOMIE DONT LE SOCLE EST UN PAVÉ.
EN JAUNE, LA MOMIE DONT LE SOCLE EST UN CUBE.
EN VERT, LA MOMIE DONT LE SOCLE EST UNE SPHÈRE.
EN BLEU, LA MOMIE DONT LE SOCLE EST UN CÔNE.

LE NUMÉRO DE LA SEULE MOMIE QUE TU N'AS PAS COLORIÉE EST :

L'AMULETTE MAUDITE

ÉNIGME 6

Tu progresses dans le musée ! La salle des amulettes n'est plus très loin. Te voici arrivé dans la salle des masques égyptiens. Tous sont traversés par des rayons laser de sécurité.

LES RAYONS LASER DE SÉCURITÉ SONT INVISIBLES À L'ŒIL NU. SAURAS-TU LES TRACER SUR CHAQUE MASQUE POUR LES ÉVITER AU MIEUX ? UTILISE UN CRAYON ROUGE ET UNE RÈGLE, IL S'AGIT D'AXES DE SYMÉTRIE QUI COUPENT LES MASQUES EN DEUX PARTS ÉGALES.

QUELS SONT LES NUMÉROS DES DEUX MASQUES QUI N'ONT PAS D'AXE DE SYMÉTRIE ?

MULTIPLIE-LES ET TU OBTIENDRAS LE CODE DE DÉVERROUILLAGE DE LA PORTE :

ÉNIGME 7

Bravo, te voilà dans la dernière salle avant celle des amulettes. Il s'agit de la salle consacrée aux fresques et une étrange énigme est écrite sur les murs. Parviendras-tu à en trouver la solution alors qu'une partie de la fresque est cachée ?

SUR LA FRESQUE, IL Y A 8 ANIMAUX, DES CHATS (EN L'HONNEUR DE BASTET, DÉESSE DES CHATS) ET DES FAUCONS (EN L'HONNEUR D'HORUS). IL Y A 20 PATTES. COMBIEN Y A-T-IL DE CHATS ET COMBIEN Y A-T-IL DE FAUCONS ?

IL Y A ______ CHATS.

IL Y A ______ FAUCONS.

LE NOMBRE DE FAUCONS TE SERVIRA DE CODE DE DÉSACTIVATION : ______

DÉNOUEMENT

Tu as enfin traversé l'ensemble du musée et te voilà dans la salle des amulettes. Il n'y a plus qu'à la replacer.
Mais après le vol de l'amulette par ton frère, le directeur a équipé chacune des 7 amulettes restantes d'une alarme. Tu dois te servir des indices collectés et les transformer en code de désactivation.

LE NOMBRE DE DIZAINES DE L'INDICE 1 ☐

LE NOMBRE DE CENTAINES DE L'INDICE 2 ☐

LE DOUBLE DE L'INDICE 3 ☐

AJOUTE 800 À L'INDICE 4 ☐

LE NOMBRE DE DIZAINES DE L'INDICE 5 ☐

LA MOITIÉ DE L'INDICE 6 ☐

LE TRIPLE DE L'INDICE 7 ☐

L'AMULETTE MAUDITE

ESCAPE GAME N° 4

Tu as désormais tous les codes d'alarmes des 7 amulettes restantes. Il ne te reste plus qu'à placer celle que ton frère avait prise.
Afin que le directeur ne se doute de rien, tu dois replacer l'amulette manquante et réencoder toutes les alarmes. Tu dois surtout créer une alarme pour la 8e amulette que tu apportes.

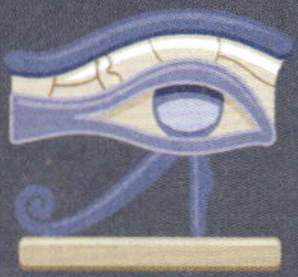

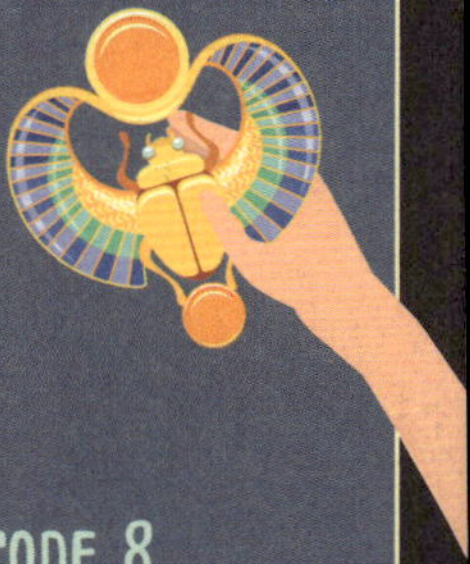

CODE 2 – CODE 7 = CHIFFRE DES CENTAINES DU CODE 8
CODE 1 – CODE 3 = CHIFFRE DES DIZAINES DU CODE 8
CODE 6 – CODE 5 = CHIFFRE DES UNITÉS DU CODE 8
ADDITION DE TOUS LES CHIFFRES DU CODE 4 = CHIFFRE DES UNITÉS DE MILLE DU CODE 8

NOUVEAU CODE POUR LA 8E AMULETTE :

MINI ESCAPE 4

DES BOMBES DE LA SECONDE GUERRE MONDIALE ONT ÉTÉ DÉCOUVERTES SUR LA PLAGE. SUIS LES INDICATIONS DES DÉMINEURS POUR LES DÉSACTIVER.

SI J'AJOUTE 150 AU CODE ET QUE JE MULTIPLIE PAR 4, J'OBTIENS 2 400. QUEL EST LE CODE DE DÉSACTIVATION DE LA BOMBE ?

1

SI J'ENLÈVE 200 AU CODE ET QUE JE MULTIPLIE PAR 3, J'OBTIENS 450. QUEL EST LE CODE DE DÉSACTIVATION DE LA BOMBE ?

2

SI JE DIVISE PAR 3 LE CODE, PUIS QUE J'ENLÈVE 50, J'OBTIENS 250. QUEL EST LE CODE DE DÉSACTIVATION DE LA BOMBE ?

3

4

SI JE MULTIPLIE LE CODE PAR 5, PUIS QUE JE LE DIVISE PAR 4, J'OBTIENS 1 000. QUEL EST LE CODE DE DÉSACTIVATION DE LA BOMBE ?

5

SI J'AJOUTE 500 AU CODE, PUIS QUE JE LE DIVISE PAR 10, J'OBTIENS 110. QUEL EST LE CODE DE DÉSACTIVATION DE LA BOMBE ?

6

SI J'ENLÈVE 700 AU CODE ET QUE JE MULTIPLIE PAR 4, J'OBTIENS 800. QUEL EST LE CODE DE DÉSACTIVATION DE LA BOMBE ?

7

SI JE DIVISE LE CODE PAR 4 ET QUE J'ENLÈVE 20, J'OBTIENS 202. QUEL EST LE CODE DE DÉSACTIVATION DE LA BOMBE ?

ESCAPE GAME N° 5

L'ESPION AUX MAINS DES RUSSES

Tes exploits sont arrivés aux oreilles des services secrets. Ils ont fait appel à toi pour libérer un agent retenu prisonnier dans l'ambassade de Russie, à Paris. Tu devras infiltrer le bâtiment et parvenir à déjouer toutes les sécurités pour le libérer.

PARVIENDRAS-TU À FRANCHIR TOUTES LES SÉCURITÉS DE L'AMBASSADE DE RUSSIE POUR LIBÉRER CET AGENT DES SERVICES SECRETS FRANÇAIS ?

ÉNIGME 1

Avant d'entrer dans l'ambassade, tu as besoin de la survoler discrètement avec un drone pour prendre des images de reconnaissance.

CHAQUE DRONE A UNE PUISSANCE ET UNE AUTONOMIE DIFFÉRENTES. TU VAS DEVOIR CHOISIR CELUI QUI CORRESPOND LE MIEUX À CHAQUE SITUATION. TU NE PEUX PAS TROP T'APPROCHER POUR LE MOMENT.

DISTANCE ENTRE TOI ET L'AMBASSADE : 600 MÈTRES

F 505

18 MÈTRES PAR MINUTE.
AUTONOMIE : 25 MINUTES.

F 911

15 MÈTRES PAR MINUTE.
AUTONOMIE : 29 MINUTES.

F 677

40 MÈTRES PAR MINUTE.
AUTONOMIE : 8 MINUTES.

F 144

30 MÈTRES PAR MINUTE.
AUTONOMIE : 12 MINUTES.

F 812

50 MÈTRES PAR MINUTE.
AUTONOMIE : 11 MINUTES.

F 205

30 MÈTRES PAR MINUTE.
AUTONOMIE : 25 MINUTES.

LE NUMÉRO DE SÉRIE INSCRIT SUR LE DRONE QUI PEUT RÉALISER LA DISTANCE EST UN CODE D'ACCÈS QUI VA T'ÊTRE UTILE POUR LA SUITE.

CODE D'ACCÈS :

ESCAPE GAME N° 5

L'ESPION AUX MAINS DES RUSSES

ÉNIGME 2

Tu as pu faire ton repérage ! Grâce à cela, tu as filmé les différents accès de l'ambassade. Tu décides de scier les barreaux d'une fenêtre de l'arrière, mais lesquels seront les moins résistants ?

POUR CHAQUE FENÊTRE, ADDITIONNE LES NOMBRES EN NOIR, PUIS MULTIPLIE LE TOUT PAR LE NOMBRE BLEU. ENFIN, DIVISE L'ENSEMBLE PAR LE NOMBRE ROUGE.

100	20	80
10	×2	70
50	÷3	30
50	30	10

60	40	150
30	×2	150
70	÷3	90
100	50	10

200	50	40
150	×2	150
50	÷4	50
80	20	10

25	25	50
80	×4	60
80	÷5	40
40	50	50

90	90	20
200	×2	70
200	÷3	10
150	50	20

55	55	90
150	×2	50
150	÷4	50
250	250	100

75	120	80
75	×3	30
150	÷4	30
200	20	20

100	40	60
200	×5	70
50	÷4	30
50	50	150

LE RÉSULTAT LE PLUS ÉLEVÉ DES FENÊTRES CORRESPOND AU CODE DE DÉVERROUILLAGE DES BARREAUX.

CODE DE DÉVERROUILLAGE :

L'ESPION AUX MAINS DES RUSSES

ESCAPE GAME N° 5

ÉNIGME 3

Te voilà entré dans l'ambassade. Il te faut désactiver les caméras de surveillance afin de poursuivre ta mission et retrouver l'agent retenu. Chaque caméra est codée. Trouve la valeur de chaque symbole.

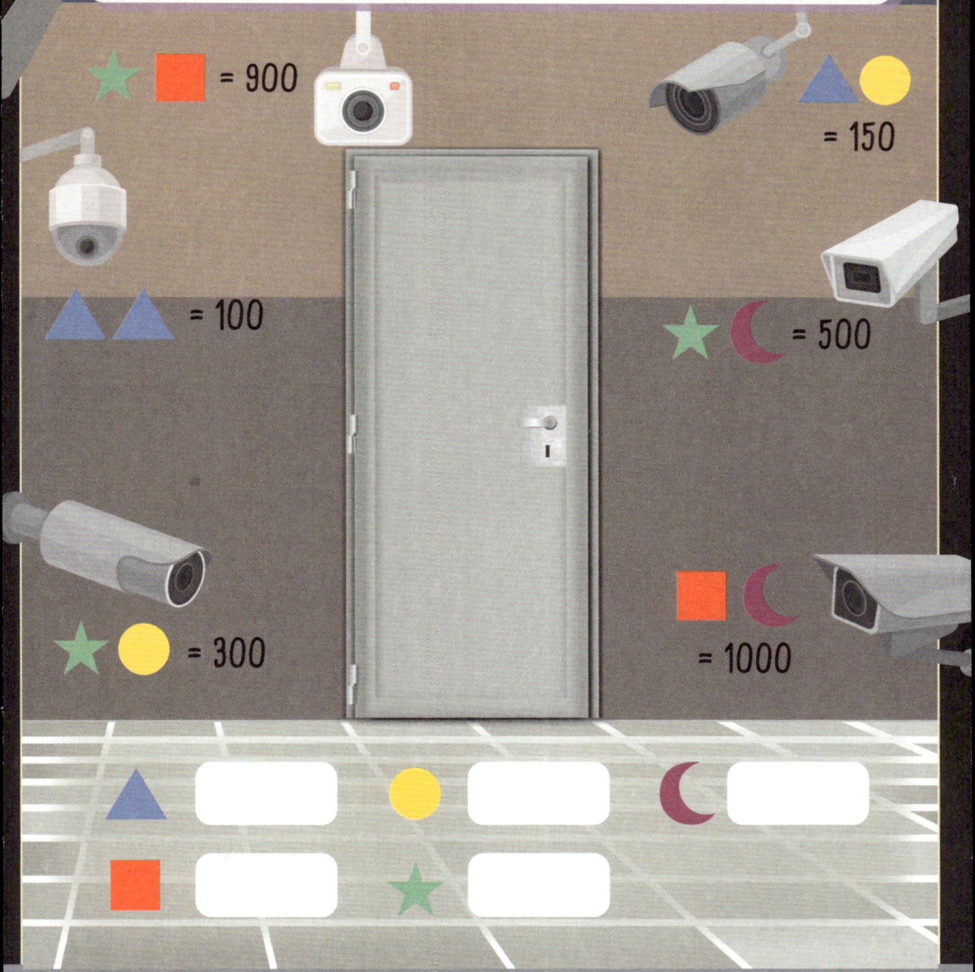

ADDITIONNE LES SYMBOLES ★ ET ▲. TU OBTIENDRAS LE CODE DE DÉSACTIVATION DES CAMÉRAS :

ESCAPE GAME N° 5

L'ESPION AUX MAINS DES RUSSES

ÉNIGME 4

Te voilà à l'abri des caméras de surveillance. À présent, il s'agit de neutraliser les gardiens russes présents dans les couloirs. Tu dois réussir à déclencher l'alarme pour faire diversion.

L'ALARME GÉNÉRALE S'ENCLENCHE SUR LE PANNEAU DE CONTRÔLE FACE À TOI. MAIS CETTE ALARME EST VERROUILLÉE PAR UN CODAGE. HEUREUSEMENT POUR TOI, L'UN DES GARDIENS A LAISSÉ TRAÎNER LA GRILLE DE DÉCODAGE.

QPL J ACHD
H EMK RT H BF
HE HTMB

VOICI CE QUI APPARAÎT À L'ÉCRAN. AIDE-TOI DE LA GRILLE DE DÉCODAGE POUR TROUVER LE CODE D'ACTIVATION DE L'ALARME.

- A = 50
- B = 10
- C = ×2
- D = 100
- E = 5
- D = 25
- F = ×5
- H = PLUS

- J = MOINS
- K = 500
- L = 2 DIZAINES
- M = MULTIPLIER
- P = 3 CENTAINES
- Q = 1 MILLIER
- R = DIVISER
- T = 4

LE CODE D'ACTIVATION DE L'ALARME EST : ______

ÉNIGME 5

Tous les gardiens paniquent et tu en profites pour te glisser au sous-sol de l'ambassade, où est retenu l'agent. Tu vas devoir faire exploser la porte blindée qui te fait obstacle avant le couloir des cellules. Mais quelle charge utiliser ?

LA PORTE PÈSE PLUS DE 2 TONNES.
POUR LA FAIRE SAUTER, TU DOIS UTILISER DES BÂTONS DE DYNAMITE ET DES PAINS DE PLASTIQUE C4. IL TE FAUT 10 FOIS MOINS QUE LE POIDS DE LA PORTE EN EXPLOSIFS. CHOISIS LE BON LOT D'EXPLOSIFS.

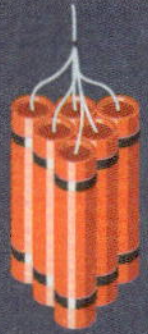

5 000 G

10 KG

LOT N° 1

×10  ×10 

LOT N° 2

×20  ×5 

LOT N° 3

×20  ×10 

LOT N° 4

×15  ×25 

LE LOT D'EXPLOSIFS DONT TU AS BESOIN EST LE N° ☐.

L'ESPION AUX MAINS DES RUSSES

ÉNIGME 6

Voici que tu pénètres dans le couloir des cellules. Parviendras-tu à trouver celle où est retenu l'agent des services secrets français ? Des multiplications sont inscrites sur les portes.

LA CELLULE DE L'AGENT FRANÇAIS EST CELLE OÙ LE MULTIPLICATEUR CACHÉ EST 5. À TOI DE VÉRIFIER CHAQUE PORTE POUR RETROUVER LA BONNE.

LE NUMÉRO DE LA BONNE CELLULE (QUI A UN MULTIPLICATEUR ÉGAL À 5) EST LE N° ________ .

ÉNIGME 7

Tu as pu libérer l'agent français ! Vous devez maintenant vous échapper au plus vite. L'espion te conseille de vous enfuir par les égouts. Mais quelle plaque choisir parmi toutes celles présentes dans ce sous-sol ?

LA BONNE PLAQUE D'ÉGOUT EST CELLE OÙ IL Y A LES MOTS SUFFISANTS ET LA BONNE ORTHOGRAPHE POUR CHAQUE NOMBRE INSCRIT AU CENTRE. REPÈRE LES ERREURS ET ENTOURE LA PLAQUE QUI CONVIENT.

LA PLAQUE QUI CONVIENT EST CELLE QUI N'A AUCUNE ERREUR :

DÉNOUEMENT

Vous vous êtes glissés dans les égouts avec l'agent. Vous ressortez un peu plus loin, sur le parking grillagé de l'ambassade. Il vous reste un dernier code à trouver pour ouvrir le portail sécurisé du parking et vous enfuir.

UTILISE LES CODES TROUVÉS DURANT TA MISSION.

INVERSE LE CHIFFRE DES CENTAINES ET CELUI DES UNITÉS DU PREMIER CODE	
DIVISE PAR 4 LE CODE 2	
DIVISE PAR 2 LE CODE 3	
DIVISE PAR 10 LE CODE 4	
MULTIPLIE PAR 100 LE CODE 5	
PRENDS LE NOMBRE DE DIZAINES DU CODE 6	
PRENDS LE NOMBRE DE CENTAINES DU CODE 7	

Tu possèdes désormais 7 nouveaux codes qui vont te permettre de trouver le digicode du portail et de vous enfuir en sécurité.

POUR TROUVER LE DIGICODE, SUIS BIEN LES INSTRUCTIONS POUR BIEN UTILISER TES 7 CODES.

CODE 1 + CODE 2 + CODE 3 =

CODE 5 – CODE 4 =

CODE 6 – CODE 7 =

ADDITIONNE LES TROIS NOMBRES QUE TU AS TROUVÉS ET TU OBTIENDRAS LE DIGICODE.

DIGICODE POUR S'ÉVADER :

MINI ESCAPE 5

Les smartphones des membres du gouvernement ont été piratés.
Tu dois absolument les réencoder pour éviter que des informations cruciales de sécurité ne tombent aux mains des hackers.
Trouve les codes de sécurité de chaque smartphone.

Code de sécurité :

25 dizaines
+ 32 centaines + 2 unités

Code de sécurité :

Triple du double
de 500

Code de sécurité :

306 dizaines
+ 5 unités + 2 milliers

CODE DE SÉCURITÉ :

LE TRIPLE
DE LA MOITIÉ DE 1000

CODE DE SÉCURITÉ :

(25 x 200)
+ (5 x 100) + (3 x 9)

CODE DE SÉCURITÉ :

(9 x 9) x 100
+ 38 UNITÉS

CODE DE SÉCURITÉ :

56 CENTAINES
+ 98 UNITÉS

SOLUTIONS

LES OUBLIETTES

ÉNIGME 1 P.7 - Réponse : 700

ÉNIGME 2 P.8 - Réponse : 80

LE TRIPLE DU DOUBLE DE 4 CHEVALIERS = 24
LA MOITIÉ DU TRIPLE DE 20 ÉPÉES = 30
LE DOUBLE DU DOUBLE DE 50 FLÈCHES = 200
LE DOUBLE DU TRIPLE DE 15 ÉCUS = 90
LA MOITIÉ DE LA MOITIÉ DE 500 ÉCUYERS = 125

ÉNIGME 3 P.9 - Réponse : 28 ANGLES DROITS ET 9 CERCLES

ÉNIGME 4 P.10 - Réponse : 22

5248	2347	2459	9588	6890
+ 1367	× 2	+ 1888	− 2463	× 5
= 6615	= 4694	= 4347	= 7125	= 34450

5 + 2 + 4 + 6 + 5 = 22

ÉNIGME 5 P.11 - Réponse : 84

TON ASTUCE EST UNE OPÉRATION = 12 × 7

ÉNIGME 6 P. 12 - Réponse : 400

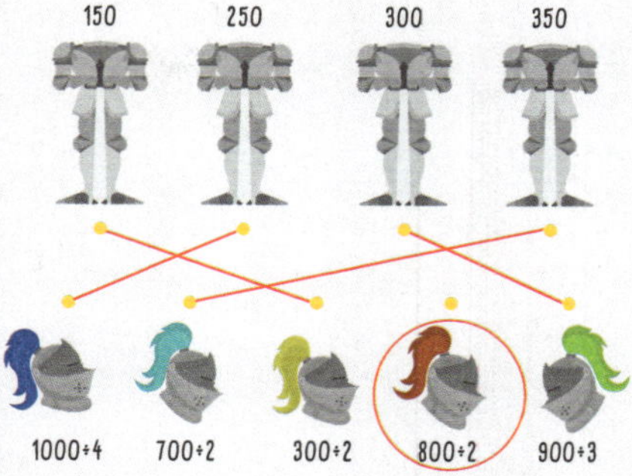

ÉNIGME 7 P. 13 - Réponse : 450

50	150	200	400
600	50	250	900
150	50	50	250
800	250	500	1550

DÉNOUEMENT P. 14-15 - Le mot magique est : ICI

INDICE 1	INDICE 2	INDICE 3	INDICE 4	INDICE 5	INDICE 6	INDICE 7
7	8	74	2	42	100	900

280 + 120 = 400
400 – 70 = 330

LE CODE DU CADENAS EST : 330

MINI ESCAPE 1

P. 16-17

PAR COMBIEN DE PIERRES ÊTES-VOUS PASSÉS POUR REJOINDRE LA SORTIE DU JARDIN ? = 9

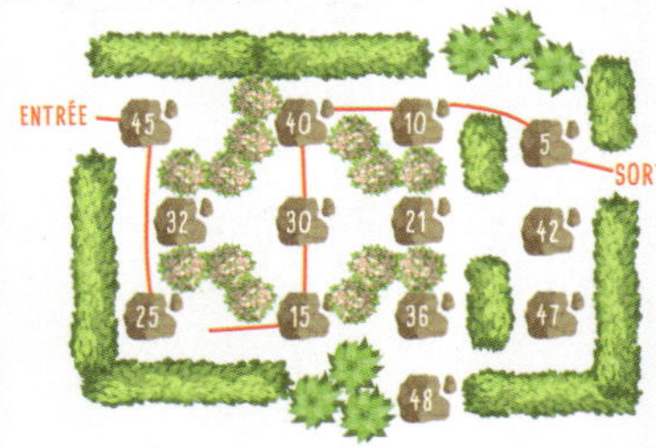

250 L × 7 H = 1 750 L/JOUR

220 L × 7 H = 1 540 L/JOUR

300 L × 6 H = 1 800 L/JOUR

LE PROFESSEUR FOU

ÉNIGME 1 P. 19 - Réponse : 78256

ÉNIGME 2 P. 20 - Réponses : 6

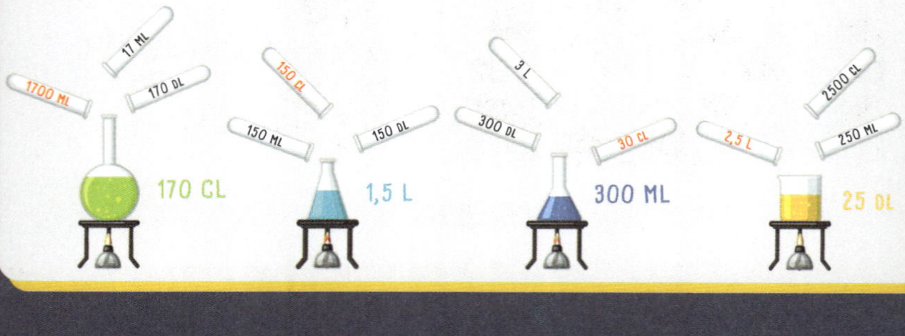

ÉNIGME 3 P. 21 - Réponse : 20

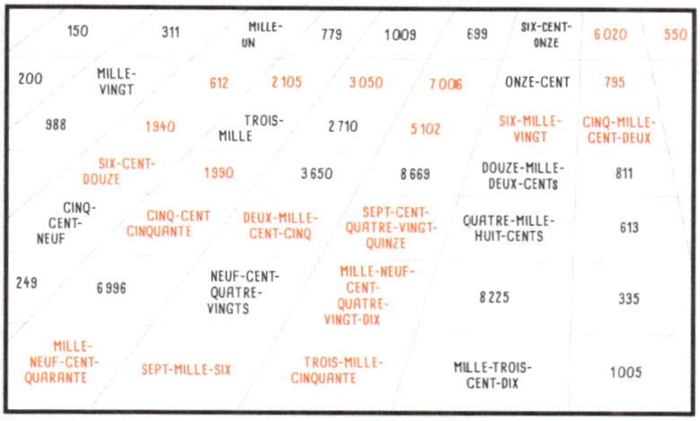

ÉNIGME 4 P. 22 - Réponse : 45

ÉNIGME 5 P. 23 - Réponse : 27

C'EST LA SIXIÈME HORLOGE, CELLE INDIQUANT 7 H 20.

ÉNIGME 6 P. 24 - Réponse : 12

↓↓→→→→↓↓↓↓←←↑↑←←←←↓↓↓↓→→↑

NOMBRE DE DÉPLACEMENTS VERS LA GAUCHE EFFECTUÉS = 6

NOMBRE DE DÉPLACEMENTS VERS LA DROITE EFFECTUÉS = 6

ÉNIGME 7 P. 25 - Réponse : 13

COMBIEN Y A-T-IL DE QUADRILATÈRES ? = 2

COMBIEN Y A-T-IL DE TRIANGLES RECTANGLES ? = 5

COMBIEN Y A-T-IL DE TRIANGLES QUELCONQUES ? = 6

LE PROFESSEUR FOU

DÉNOUEMENT P. 26-27

INDICE 1	INDICE 2	INDICE 3	INDICE 4	INDICE 5	INDICE 6	INDICE 7
28	60	4	9	3	36	39

56 ÷ 2 = 28
16 ÷ 4 = 4
36 ÷ 4 = 9
120 ÷ 2 = 60
72 ÷ 2 = 36
15 ÷ 5 = 3

LE CODE DE DÉVERROUILLAGE EST : 39

MINI ESCAPE 2 P. 28-29

COFFRE 1 : 804

COFFRE 2 : 955

COFFRE 3 : 409

COFFRE 4 : 734

COFFRE 5 : 248

COFFRE 6 : 999

COFFRE 7 : 666

ÉNIGME 1 P. 31 - Réponse : 171

QUELLE EST LA VITESSE MOYENNE DES 4 VOITURES ?
(VITESSE 1 + VITESSE 2 + VITESSE 3 + VITESSE 4) ÷ 4 = 157 KM/H

QUELLE EST LA DISTANCE TOTALE PARCOURUE PAR LES 4 VOITURES ? = 14 KM

ÉNIGME 2 P. 32 - Réponse : 30

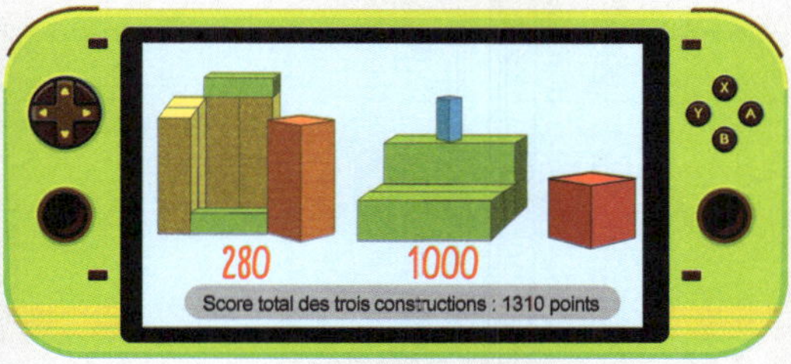

1 310 – 1 280 = 30

ÉNIGME 3 P. 33 - Réponse : 4

→ ↑ → ← ↓ ← ↑ ← ↑ ↓ ← → ↓ ↓ →

ÉNIGME 4 P. 34 - Réponse : 6 250

RÉSULTAT DU CODE BLEU = 3 000 – 300 + 20 = 2 720
RÉSULTAT DU CODE ROUGE = 8 000 + 1000 – 30 = 8 970
8 970 – 2 720 = 6 250

ÉNIGME 5 P. 35 - Réponse : 30 000

500 × 20 = 10 000
300 × 40 = 12 000

60 × 300 = 18 000
80 × 200 = 16 000

700 × 40 = 28 000
50 × 600 = 30 000

ÉNIGME 6 P. 36 - Réponse : 24

ÉNIGME 7 P. 37 - Réponse : 12

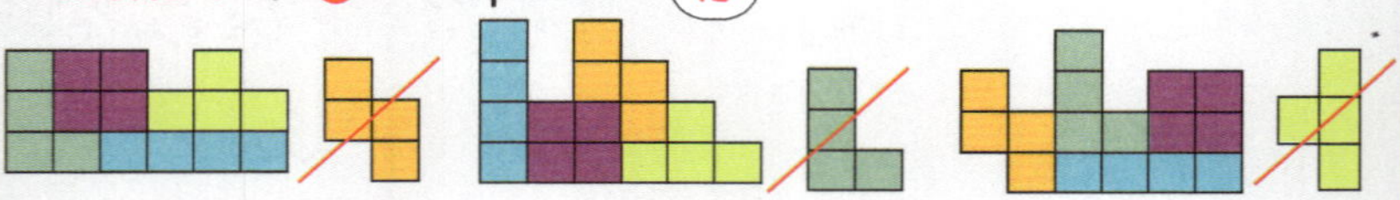

DÉNOUEMENT P. 38-39

INDICE 1	INDICE 2	INDICE 3	INDICE 4	INDICE 5	INDICE 6	INDICE 7
17	3	16	62	30	48	36

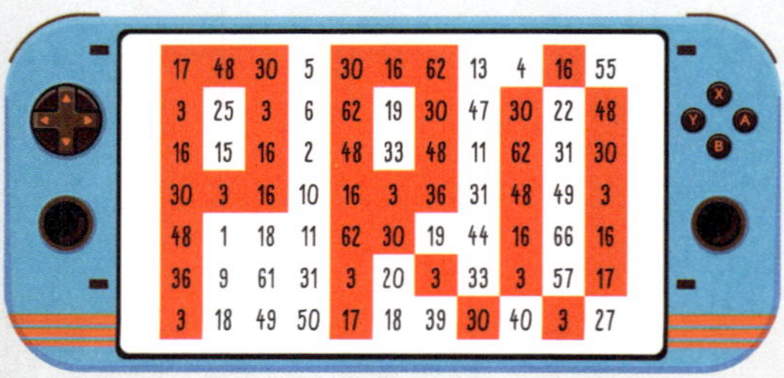

17	48	30	5	30	16	62	13	4	16	55
3	25	3	6	62	19	30	47	30	22	48
16	15	16	2	48	33	48	11	62	31	30
30	3	16	10	16	3	36	31	48	49	3
48	1	18	11	62	30	19	44	16	66	16
36	9	61	31	3	20	3	33	3	57	17
3	18	49	50	17	18	39	30	40	3	27

LE MOT DE PASSE EST :

PRO

MINI ESCAPE 3

P. 40-41

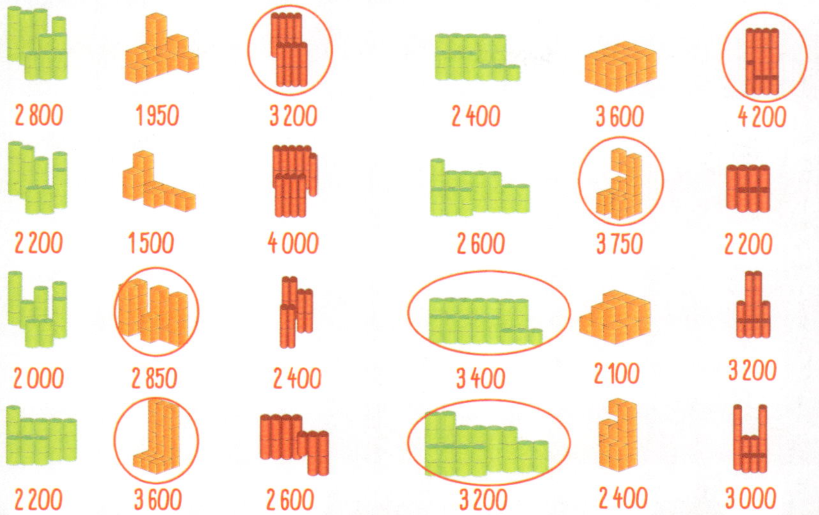

L'AMULETTE MAUDITE

ÉNIGME 1 P. 43 - Réponse : 2 778

MMDCCX	MCCLX	CLXXVI	MDXXV	DCCCLIII	LXVIII
2 710	1 260	176	1 525	853	68

RANGE LES CHIFFRES ROMAINS DÉCHIFFRÉS DANS L'ORDRE CROISSANT : 68 < 176 < 853 < 1 260 < 1 525 < 2 710

ADDITIONNE LE PLUS PETIT ET LE PLUS GRAND : 68 + 2 710 = 2 778

ÉNIGME 2 P. 44 - Réponse : 2 300

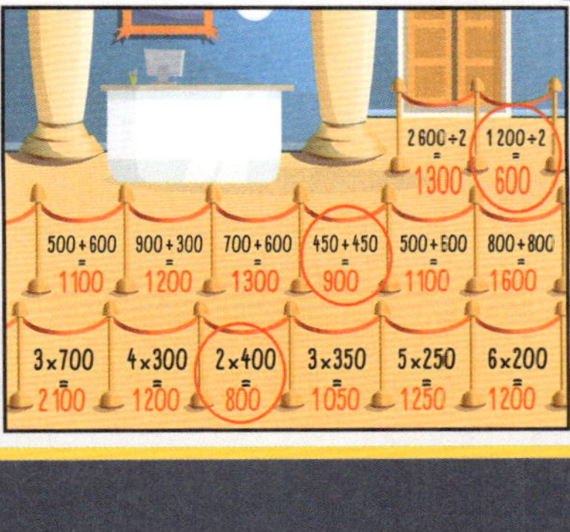

800 + 900 + 600 = 2300

ÉNIGME 3 P. 45 - Réponse : 135 MM

LONGUEUR EN CENTIMÈTRES DU CHEMIN ROUGE : 13,5 CM
LONGUEUR EN CENTIMÈTRES DU CHEMIN BLEU : 16 CM
LONGUEUR EN CENTIMÈTRES DU CHEMIN JAUNE : 17 CM

ÉNIGME 4 P. 46 - Réponse : 315

2 200 + 15 = 2 215
200 + 25 + 90 = 315
350 + 2 000 = 2 350

ÉNIGME 5 P. 47 - Réponse : 1508

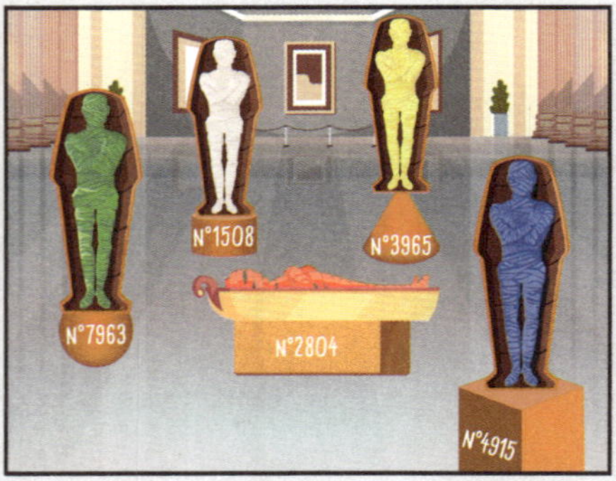

ÉNIGME 6 P. 48 - Réponse : 300

LES NUMÉROS 15 ET 20 N'ONT PAS D'AXE DE SYMÉTRIE.

ÉNIGME 7 P. 49 - Réponse : 6

2 CHATS (2 × 4 PATTES = 8)
6 FAUCONS (6 × 2 PATTES = 12)
8 + 12 = 20 PATTES

L'AMULETTE MAUDITE

DÉNOUEMENT P. 50-51

INDICE 1	INDICE 2	INDICE 3	INDICE 4	INDICE 5	INDICE 6	INDICE 7
277	23	270	1 115	150	150	18

CODE 2 - CODE 7 = CHIFFRE DES CENTAINES DU CODE 8 : 23 – 18 = 5
CODE 1 - CODE 3 = CHIFFRE DES DIZAINES DU CODE 8 : 277 – 270 = 7
CODE 6- CODE 5 = CHIFFRE DES UNITÉS DU CODE 8 : 150 – 150 = 0
ADDITION DE TOUS LES CHIFFRES DU CODE 4 = CHIFFRE DES UNITÉS DE MILLE DU CODE 8 : 1 + 1 + 1 + 5 = 8

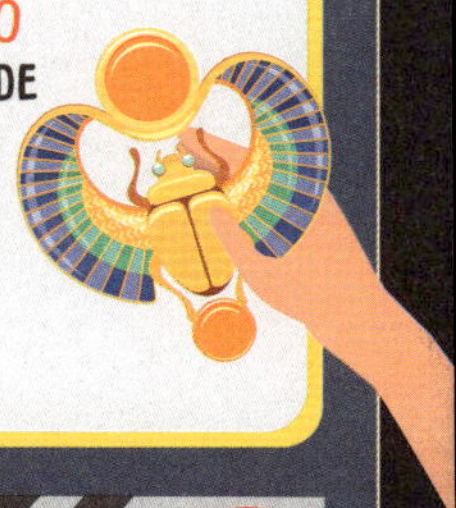

CODE DE L'ALARME : 8570

MINI ESCAPE 4 P. 52-53

BOMBE 1 : 450
BOMBE 2 : 350
BOMBE 3 : 900
BOMBE 4 : 800
BOMBE 5 : 600
BOMBE 6 : 900
BOMBE 7 : 888

L'ESPION AUX MAINS DES RUSSES

ÉNIGME 1 P. 55 - Réponse : F 205

F 505 : 450 MÈTRES
F 911 : 435 MÈTRES
F 677 : 320 MÈTRES
F 144 : 360 MÈTRES
F 812 : 550 MÈTRES
F 205 : 750 MÈTRES

L'ESPION AUX MAINS DES RUSSES

ÉNIGME 2 P. 56 - Réponse : 1000

100	20	80	60	40	150	200	50	40	25	25	50
10	×2	70	30	×2	150	150	×2	150	80	×4	60
50	÷3	30	70	÷3	90	50	÷4	50	80	÷5	40
50	30	10	100	50	10	80	20	10	40	50	50
	300			500			400			400	

90	90	20	55	55	90	75	120	80	100	40	60
200	×2	70	150	×2	50	75	×3	30	200	×5	70
200	÷3	10	150	÷4	50	150	÷4	30	50	÷4	30
150	50	20	250	250	100	200	20	20	50	50	150
	600			600			600			1000	

ÉNIGME 3 P. 57 - Réponse : 250

▲ 50 ● 100 ☾ 300 ■ 700 ★ 200

★ + ▲ = 250

ÉNIGME 4 P. 58 - Réponse : 1000

1320 – 200 = 1120

5 × 500 = 2500

1120 + 2500 = 3620

3620 ÷ 4 = 905

905 + 50 + 5 + 40 = 1000

ÉNIGME 5 P. 59 - Réponse : 3

LOT N° 1 : 50 KG + 100 KG = 150 KG

LOT N° 3 : 100 KG + 100 KG = 200 KG

LOT N°2 : 100 KG + 50 KG = 150 KG

LOT N°4 : 75 KG + 250 KG = 325 KG

ÉNIGME 6 P. 60 - Réponse : 1515

N°1510	N°1511	N°1512	N°1513	N°1514	N°1515	N°1516	N°1517
7821	2592	4527	5920	3086	8584	9230	7524
× 3	× 4	× 6	× 9	× 2	× 5	× 8	× 7
23463	10368	27162	53280	6172	42920	73840	52668

ÉNIGME 7 P. 61 - Réponse : 5175

LA HUITIÈME PLAQUE.

DÉNOUEMENT P. 62-63

INDICE 1	INDICE 2	INDICE 3	INDICE 4	INDICE 5	INDICE 6	INDICE 7
502	250	125	100	300	151	51

CODE 1 + CODE 2 + CODE 3 = 877

CODE 5 – CODE 4 = 200

CODE 6 – CODE 7 = 100

DIGICODE DU PORTAIL :

1177

MINI ESCAPE 5 P. 64-65

SMARTPHONE 1 : 3 452

SMARTPHONE 2 : 3 000

SMARTPHONE 3 : 5 065

SMARTPHONE 4 : 1 500

SMARTPHONE 5 : 5 527

SMARTPHONE 6 : 8 138

SMARTPHONE 7 : 5 698

Achevé d'imprimer en Roumanie par Rotolito.
Dépôt légal : janvier 2020 - 324920/04
N° de projet : 11046553 - mars 2021

PAPIER À BASE DE FIBRES CERTIFIÉES

LAROUSSE s'engage pour l'environnement en réduisant l'empreinte carbone de ses livres. Celle de cet exemplaire est de :
600 g éq. CO_2
Rendez-vous sur www.larousse-durable.fr